UN PÈLERINAGE EN TERRE SAINTE

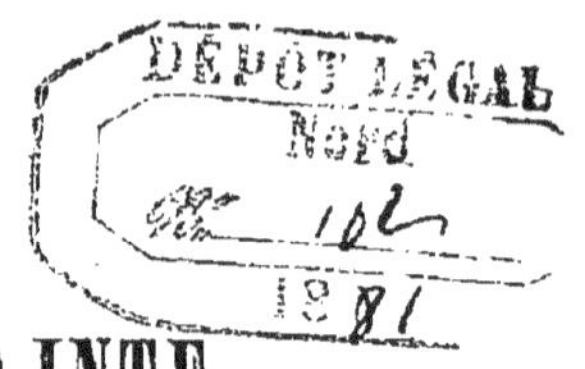

CONFÉRENCE

ADRESSÉE AUX

Catholiques du Nord et du Pas-de-Calais

réunis en Assemblée générale, sous la présidence de Mgr MONNIER

Le 24 Novembre 1880

Par le R. P. FRISTOT

de la Compagnie de Jésus

(COMPTE-RENDU STÉNOGRAPHIQUE)

LILLE

IMPRIMERIE LEFEBVRE-DUCROCQ

Rue Esquermoise, 57.

1881

UN PÈLERINAGE EN TERRE SAINTE

CONFÉRENCE

ADRESSÉE AUX

Catholiques du Nord et du Pas-de-Calais

réunis en Assemblée générale, sous la présidence de Mgr MONNIER

MONSEIGNEUR,

MESSIEURS,

Nous venons d'entendre un grave enseignement. M. l'abbé Didiot a traité la question de l'excommunication avec l'ampleur de science et la rigueur de déduction auxquelles il nous a accoutumés depuis longtemps. L'approbation épiscopale, s'ajoutant à l'autorité du doyen de la Faculté de théologie, achèvera de produire dans vos esprits une persuasion profonde. Je ne viens pas contredire à cette impression, je demande seulement la permission d'ouvrir la porte à la miséricorde, et de faire tomber sur ces sombres perspectives un rayon du soleil d'Orient.

Si nous nous reportons à quelques siècles en arrière, ce n'est pas seulement la juridiction ecclésiastique, c'est,

dans certains ressorts criminels, la juridiction séculière
elle-même qui proposerait au coupable de se racheter
de sa peine par quelque œuvre pie, et l'œuvre satisfac-
toire par excellence, c'est le pèlerinage vers un des
sanctuaires célèbres, surtout la visite des Lieux Saints.
(Sourires.)

Je vous vois sourire, Messieurs. Votre imagination
hésite à se représenter gravissant péniblement les sen-
tiers rocailleux de la Judée, la longue caravane des
infortunés qui sont tombés dans un des cas définis par
le rapport de **M.** l'abbé Didiot. Je ne me dissimule pas
que pour recruter les caravanes pieuses, il sera plus sûr
de rechercher une autre clientèle, et c'est ce que je fais
en ce moment. *(Applaudissements.)*

Ma parole rencontre ici des catholiques convaincus
et j'ai à vous entretenir d'une œuvre éminemment chrétienne et française tout à la fois. Voilà pourquoi j'ai
accepté le périlleux honneur de vous parler, après
une préparation trop sommaire, de la terre consacrée
par la présence bénie du Sauveur, et de la visite
aux lieux rendus vénérables par les souvenirs les plus
religieux de tous les âges. C'est donc au récit d'un prêtre
en même temps que d'un voyageur pratique, si vous le
voulez, mais non d'un touriste, que vous allez prêter
une bienveillante attention.

Je veux vous faire entendre, à l'encontre d'un préjugé
trop communément répandu, qu'un pèlerinage en Terre
Sainte est devenu une entreprise très réalisable pour
beaucoup de personnes, et, si cette conclusion ne devient
pas efficace pour tous ceux qui m'écoutent, j'espère du

moins que mon simple récit contribuera à augmenter chez tous l'estime et la sympathie pour ces expéditions sacrées si chères à tous les âges de foi. Vos cœurs se sentiront plus étroitement attachés à cette noble cause des Lieux Saints à laquelle l'Europe entière semblait devenue indifférente, jusqu'à ce que le zèle du Comité de Terre Sainte réveillât l'amour et la dévotion des fidèles.

Je reprends ma proposition : un pèlerinage en Terre Sainte est devenu aujourd'hui un voyage très facile à accomplir. Notre caravane comptait, sur dix-huit membres, trois dames, dont deux ont vaillamment fait non seulement le pèlerinage complet de Terre Sainte, mais aussi l'excursion plus laborieuse dans le Liban. Grâce aux progrès de la navigation à vapeur et à la parfaite installation des navires de la Compagnie des Messageries maritimes, la traversée de la Méditerranée est accomplie, chaque jour, sans accident et presque sans fatigue, par un grand nombre de personnes même d'une santé délicate.

C'est à Jaffa que l'on débarque. Pour les personnes qu'effraierait une chevauchée de 65 kilomètres, le transport jusqu'à Jérusalem peut se faire en voiture; mais on préfère généralement se servir de ces montures aussi douces à la main du cavalier qu'elles sont résistantes à la fatigue, je veux dire ces chevaux arabes que les drogmans, prévenus à l'avance, ont amenés de Jérusalem. Et ici, je crois de mon devoir de vous mettre en garde contre les exagérations de certains récits. Je ne veux pas accuser leurs auteurs d'avoir grossi après coup dans

leur imagination les fatigues et les périls de leur voyage ;
j'aime mieux croire que, depuis que ces relations ont été
publiées, les conditions du pèlerinage se sont singuliè-
rement améliorées. D'ailleurs le *Pèlerinage restreint* qui
fait visiter presque tous les lieux les plus chers à la
piété chrétienne, ne demande que des excursions de peu
d'heures en dehors de Jérusalem; Bethléem n'en est qu'à
deux lieues, et si les voitures ne peuvent y conduire, il y
a, outre la ressource des chevaux et des mulets, celle du
trajet en litière.

Comment peut-on organiser un voyage en Terre
Sainte? Deux moyens s'offrent au pèlerin. Il peut s'asso-
cier à l'une des deux caravanes qui sont organisées
chaque année par le *Comité des pèlerinages de Terre
Sainte* de Paris. La première part de Marseille pendant
le Carême pour passer la Semaine sainte et les fêtes de
Pâques à Jérusalem. La seconde, qui est destinée surtout
aux personnes occupées pendant le courant de l'année,
a lieu à l'époque des vacances ; elle est d'ordinaire
moins nombreuse, sa marche est plus rapide, elle
voyage dans une saison plus pénible. Mais on peut aussi
se rendre en Palestine et y voyager en caravane particulière ; la difficulté, pour s'organiser de la sorte, n'est
pas telle qu'on se l'imagine communément. Chacune des
deux manières de voyager a ses avantages et ses incon-
vénients.

La grande caravane possède souvent plusieurs ecclé-
siastiques, toujours un aumônier avec une chapelle
portative qui permet de célébrer le saint Sacrifice
sur les bateaux, dans les stations de campement où

il n'y a pas d'église ou de chapelle catholique ; le hasard
de sa composition peut ménager des rencontres agréa-
bles, des ressources précieuses pour retirer du voyage
toute l'utilité possible ; elle décharge les pèlerins de tout
souci, la somme versée à l'avance comprenant tous les
frais du voyage ; elle a pour guide un Frère Franciscain
de Terre Sainte qui la prend à Jaffa et l'accompagne
jusqu'au terme du voyage à Beyrouth (mais les caravanes
particulières peuvent obtenir facilement la même
faveur). Son inconvénient capital est qu'elle suit un
itinéraire sagement étudié à l'avance, mais nécessaire-
ment inflexible, qui impose par conséquent de pénibles
privations aux personnes que la fatigue ou la maladie
arrêterait au moment de quelque excursion plus laborieuse.

La caravane particulière, au contraire, a l'avantage
de pouvoir tracer son itinéraire et régler ses marches
suivant les convenances de ceux qui la composent.
Dans le cas où elle ne posséderait pas d'aumônier, elle
ne serait point pour cela, dépourvue de ressources spi-
rituelles ; on trouve presque partout en Terre Sainte,
principalement dans les grands sanctuaires, des religieux franciscains ou carmes, et des prêtres du patri-
archat latin, parlant la langue française. Dans toutes les
stations importantes du Liban, il y a des missionnaires
français, jésuites ou lazaristes. Quant à la dépense, les
Messageries maritimes donnent, à tout groupe de quatre
personnes qui en fait la demande à l'avance, le même
avantage de 50 0/0 de réduction qu'elles accordent aux
deux grandes caravanes sur le trajet d'aller et retour

dans un délai de quatre mois. Le voyage par terre n'est pas beaucoup plus coûteux par personne pour un groupe de quatre ou cinq voyageurs que pour une grande caravane. La différence devient presque insignifiante s'il s'agit du pèlerinage restreint pour lequel il n'est besoin ni d'attirail de cuisine et de campement, ni de personnel de service, l'hospitalité étant reçue partout dans les couvents de Terre Sainte.

Le premier acte du pèlerin, avant de s'embarquer, est de monter au sanctuaire de N.-D. de la Garde. Le Comité des pèlerinages a adressé par avance un message à Mgr de Marseille. Après la messe, le délégué de Sa Grandeur impose à chacun des pèlerins la croix de Terre Sainte. Les prières de la bénédiction sont celles prescrites par le rituel pour l'imposition de la croix à ceux qui jadis partaient armés pour la conquête ou la défense des Lieux Saints. Pour nous, cette cérémonie eut un caractère particulièrement touchant. Elle fut accomplie par un ancien pèlerin de Terre Sainte, M. l'abbé Coudret, dont les paroles gravèrent dans nos cœurs une impression qui ne s'est pas effacée.

Je ne tenterai pas, Messieurs, de décrire les sites enchanteurs qui se déroulent sous les regards du passager le long des côtes de Provence, que l'on ne perd pas de vue jusqu'au cap Corse. Cette peinture, tentée par les plumes les plus habiles, reste toujours au-dessous de la réalité. L'enchantement se prolonge jusqu'à Naples. Là nous faisons escale. Si le chargement du navire doit être considérable, on a le temps de visiter les églises de Naples, le musée, les curiosités artistiques, et même, si l'on ne perd pas de temps, le Vésuve ; une voie ferrée conduit jusqu'au bord du cratère les groupes de quatre voyageurs dès qu'ils se présentent.

La traversée se fait ensuite sans relâche de Naples à Alexandrie. On perd de vue la terre. De loin en loin on salue quelques-unes des îles de la Grèce ; surtout on s'aperçoit de leur voisinage aux secousses plus violentes du navire. Enfin, le septième jour depuis le départ de Marseille, on arrive en vue d'Alexandrie. Ses *passes* sont renommées pour leur difficulté et le péril qu'elles font courir aux embarcations peu solides. Nous n'avons rien à redouter pour notre fier *Scamandre,* qui les traverse tous les deux mois. Le pilote du port accoste son léger vapeur à notre flanc : encore quelques instants et nous aborderons la terre d'Egypte, le jour de la fête de saint Louis. Le ciel d'Egypte est bas, l'horizon sans limites, mais l'azur du firmament, la transparence de l'atmosphère, la pureté de la lumière ravissent nos yeux. Le soleil d'Egypte est un grand artiste versant sur tous les objets une vivacité de coloris, donnant à leurs contours un relief qui défient l'émulation du peintre le plus habile.

Alexandrie est une ville cosmopolite sans caractère. Elle étonne et éblouit le voyageur qui n'a jamais contemplé le spectacle d'une foule bigarrée où se trouvent représentées toutes les nationalités et toutes les races. Anglais, Allemands, Espagnols, Maltais, Italiens et Français surtout, Grecs en grand nombre, Juifs, Turcs, Arabes, Coptes naturels du pays et Nègres de la Nubie, chacun dans son costume et parlant sa langue maternelle, se coudoient, s'entrecroisent, les uns avec la démarche indolente qui leur est naturelle, les autres avec l'allure affairée de nos grandes cités d'Europe. Alexandrie, qui n'avait, il y a soixante ans, que six mille habitants à peine, en compte aujourd'hui, grâce au développement de son commerce et au voisinage du canal de Suez, plus de cent mille.

Mais des souvenirs littéraires, historiques, religieux, des Ptolémées, d'Alexandre qui y fut inhumé, des fameuses écoles où brillèrent l'une en face de l'autre la philosophie païenne dans les leçons de Saccas, de Plotin, de Porphyre, la théologie chrétienne sur les lèvres ou sous la plume des Pantène, des Clément, des Origène, il ne reste plus trace. Sans remonter jusqu'aux Pharaons, on voudrait trouver quelques vestiges du célèbre *Bruchium* avec sa bibliothèque de 700,000 volumes, sur le frontispice de laquelle était gravée l'inscription : « Trésor des remèdes de l'âme » ; on en peut à peine désigner l'emplacement, et, quant à la petite mosquée située dans l'île de Paros qui a la prétention d'être bâtie sur les fondements de la retraite savante des Septante, on sait que rien n'est plus incertain que la tradition sur laquelle elle s'appuie pour revendiquer ce souvenir. Nous abrégeons notre visite à Alexandrie, et avant la chute du jour, nous prenons la voie ferrée qui conduit au Caire.

Elle coupe la plaine en deux zones qui forment entre elles le plus saisissant contraste : à droite le désert, à gauche la fertilité la plus abondante. De distance en distance, des bouquets de palmiers ombragent de leurs

dômes fléchissant sous le poids des fruits, une terre qui
ne se refuse à aucune des productions qu'on lui demande.
En 1801, les Anglais rompant les digues qui proté-
geaient le lac Mareotis, les eaux de la mer s'y précipi-
tèrent ; de là la stérilité d'une portion de la Basse-
Egypte. Les villages ont un aspect on ne peut plus triste.
Au milieu de cette végétation luxuriante, de ces plantes
qui étalent de si vives couleurs, les hommes n'ont su
se bâtir que de pauvres cabanes carrées en pisé, percées
de quelques ouvertures qui servent de portes et de fenê-
tres, et incapables de résister aux grandes pluies, heu-
reusement fort rares, mais qui, lorsqu'elles se produi-
sent, transforment la maison en un monceau de boue.

Nous franchissons sur des ponts de fer un grand
nombre de canaux qui divisent les eaux du Nil. A la
station de Tantah, nous descendons de voiture et re-
tournons en arrière, pour admirer un vaste pont sus-
pendu, prêts à donner des louanges méritées à l'habileté
des ingénieurs égyptiens. Nous lisons sur le parapet
cette inscription : *Fives (Nord)*. Ainsi en est-il de la
plupart des œuvres d'art que l'on rencontre en Egypte,
elles ont été exécutées par des Européens et presque
toujours en Europe.

Le Caire est une ville de cinq cent mille habitants, le
sixième de la population de l'Egypte. Le quartier européen, percé de larges rues droites bordées de constructions dont la plupart sont fort mesquines, n'offre rien
d'intéressant. C'est vers les vieux quartiers que se porte
la curiosité. L'étranger aime surtout à visiter les bazars,
ces longues rues sablées qui sont protégées contre les

ardeurs du soleil par leur étroitesse et par les voûtes ou les tentures qui les recouvrent presque partout. Que n'ai-je le loisir de vous faire assister au travail de ces habiles orfèvres, ciseleurs et fondeurs de métaux qui remplissent une longue galerie, voisine de celle où les chaudronniers et les forgerons exercent leur industrie assourdissante ! Il y a le bazar des tailleurs, celui des fabricants de chaussures, les bazars des selliers, des armuriers, puis les étalages des marchands de comestibles. On y trouve les tapis de Damas, les soieries du Liban et les objets précieux de la Nubie et même des extrémités de l'Inde et du Japon. L'artisan est en même temps marchand. Au coucher du soleil, tous ces magasins se ferment ; plusieurs galeries sont closes par de lourdes portes, comme dans les villes du moyen âge on tendait des chaînes à l'entrée des rues.

Une des premières visites des étrangers est pour la grande mosquée de Méhémet-Ali, bâtie sur le plan de Sainte-Sophie, en des proportions moindres. Elle est richement décorée, ainsi que le palais du khédive qui y est attenant ; mais, pour ma part, j'ai admiré davantage le grand portique qui entoure la vaste cour d'entrée, au centre de laquelle une magnifique fontaine en marbre blanc fournit aux ablutions des musulmans qui se rendent à la prière.

Le quartier de la Citadelle, où sont renfermés ces édifices, possède un monument non moins remarquable ; ce travail a été longtemps attribué par le peuple à l'ancien Joseph de la Bible, mais il est en réalité l'œuvre de Saladin. C'est un puits de 75 mètres de profondeur, dans lequel on descend par un escalier pratiqué le long des parois, et qui alimente d'eau la citadelle et un grand nombre de fontaines des habitations privées. L'eau est amenée à l'orifice par une série de chapelets de vases de terre ; beaucoup de ces vases sont brisés, personne ne songe à les remplacer.

Le Caire compte cinq cents mosquées, dont plusieurs sont richement dotées. Une d'elles excitait particulièrement notre curiosité, la mosquée El-Hazar, le grand foyer intellectuel de l'islam. Malheureusement nous étions en plein Ramadan ; il nous fut impossible d'obtenir les autorisations nécessaires pour y entrer. Cette mosquée est une université dans toute l'acception du mot. Le dernier recensement officiel constate, pour l'année scolaire 1874-1875, une population de 10,075 étudiants et 347 professeurs. Ce chiffre s'est considérablement accru depuis, et l'on m'a affirmé qu'on peut actuellement, sans exagération, l'évaluer à 14,000 étudiants et 800 professeurs. On y retrouve quelque chose des allures libres de nos universités du moyen âge. Les élèves, dont quelques-uns sont venus de la Nubie, d'autres de Constantinople, plusieurs même des Indes, sont entretenus en grande partie sur les revenus des mosquées. Ils s'attachent au professeur de leur choix. Le maître enseigne appuyé à une colonne ; les élèves se groupent autour de lui, les uns assis par terre, les autres sur de petits escabeaux portatifs.

On y enseigne tout, depuis l'écriture et la grammaire jusqu'à la philosophie et la théologie, ainsi que le droit selon le Coran, les Instituts de Justinien et même les éléments du latin. Les Lettres arabes y sont cultivées avec un soin particulier et un véritable succès.

Les dispositions de la jeunesse studieuse de l'Egypte sont dignes d'observation. L'Arabe aussi bien que le Copte est doué d'une remarquable facilité pour l'étude des langues ; il est, de plus, très apte aux sciences exactes ; il aime à s'occuper de problèmes métaphysiques. J'ai dit que la plupart des grands travaux accomplis en Egypte l'ont été par des Européens ; il en est de même des services administratifs, qui ont été organisés en grande partie par nos compatriotes. Or, la préoccupation constante du khédive est de mettre fin à cet envahissement de l'étranger. Il vise à faire remplacer les Européens par ses sujets, de sorte que les jeunes indigènes instruits voient s'ouvrir devant eux de brillantes carrières. Or, Messieurs, à qui les Egyptiens demandent-ils cette science qu'ils mettent à si haut prix ? est-ce aux laïques ? non, car le khédive n'a pas une piastre à donner pour faire un traitement aux professeurs, et il n'y a pas de rétribution à attendre des élèves. Aussi les jeunes musulmans qui désirent s'initier à nos sciences, n'hésitent-ils pas à s'adresser aux prêtres. J'ai vu de cette disposition un témoignage qui m'a profondément ému. Je remarquai, dans le divan du petit séminaire copte dirigé par les Pères de la Compagnie de Jésus au Caire, un portrait à la plume de saint Ignace. Voici l'histoire de ce dessin. Le collège copte compte, parmi ses professeurs, des missionnaires qui possèdent parfaitement la langue arabe. Plusieurs jeunes musulmans étudiants en droit et en médecine, se sont adressés à eux pour en obtenir

quelques leçons de philosophie et de latin. Un d'eux
avait aperçu sur la table d'un des Pères une photographie représentant notre saint fondateur. Surmontant
l'horreur qu'inspire aux musulmans toute représentation, il avait demandé à l'emporter. Le Père y avait consenti, non sans redouter quelque mystification. Grand
fut son étonnement lorsque, un mois après, le jeune
homme lui apporta le tableau tracé de sa main. *(Applaudissements.)*

Est-ce à dire que nous soyons à la veille d'un mouvement de conversion en masse des musulmans à la foi
chrétienne ? Hélas ! rien ne le laisse supposer. Mais de
ces faits que je viens de citer et d'autres analogues, on
doit conclure que l'éloignement des mahométans pour
les chrétiens s'atténue par le désir de la science.
Favorisons ce rapprochement en fournissant aux établissements catholiques les moyens d'entretenir un
nombre suffisant de professeurs. Ces jeunes gens qui
seront entrés dans les carrières publiques garderont
des sympathies pour leurs anciens maîtres, et si, dans
l'avenir, autour d'eux, quelques-uns de leur coreligionnaires manifestent la volonté de s'instruire de la religion
catholique, on peut espérer, qu'ils ne seront plus menacés
de mort comme cela a lieu encore aujourd'hui.

Vous voyez donc, Messieurs, qu'il est de la plus
grande importance de soutenir sur la terre d'Egypte les
œuvres catholiques. C'est que, si l'initiative catholique
venait à faire défaut, il serait à craindre de voir s'y
substituer celle des sociétés secrètes. La franc-maçonnerie cherche à étendre ses progrès dans toute la Basse

Egypte; elle compte de nombreux adhérents surtout parmi les Européens qui s'y sont établis pour faire le commerce ou pour exercer des fonctions publiques. Jusqu'à présent, elle garde une attitude plutôt de neutralité à l'égard de l'action des missionnaires. Cette modération tient surtout au caractère personnel de la plupart des adhérents qui sont entrés dans les loges par intérêt; elle est du reste assez dans les allures de la secte, lorsque celle-ci veut s'implanter dans une contrée où le clergé jouit d'une certaine considération. Mais on sait quel est son instinct inné. L'hostilité future s'est déjà trahie par quelques actes isolés.

Voici un autre objet d'un puissant intérêt pour les cœurs catholiques. J'ai nommé le Petit séminaire copte. Un message de reconnaissance m'oblige à vous en entretenir quelques instants; quelques jours avant notre arrivée, le Père de Villeneuve, qui en est le directeur, avait reçu d'une personne du diocèse de Cambrai un don de 1,000 francs. C'est à peu près de quoi assurer dans ce pays une vocation ecclésiastique. *(Applaudissements.)*

Les Coptes sont d'anciens chrétiens d'Egypte séparés de l'Eglise catholique depuis le VIe siècle, à la différence des Melchites, leurs compatriotes, beaucoup moins nombreux, qui sont demeurés attachés à la vraie foi. Les Coptes sont nestoriens, mais quand on entre en discussion avec eux, on constate que leur erreur est peu raisonnée et que beaucoup ne se rendent pas compte du point théologique qui les sépare de la foi orthodoxe. Ils haïssent les Grecs, mais n'éprouvent point le même éloignement pour les Latins, et ils parlent du Pontife de Rome avec respect. Le grand besoin est donc de les instruire pour hâter leur conversion; le moment présent est favorable. Le clergé copte voit ses rangs s'éclaircir chaque jour par l'absence de ressources. Le gouvernement ne fait rien pour les intérêts religieux des coptes et leurs églises ne sont pas dotées; il faut des prêtres parlant la langue copte et célébrant selon le rite melchite. Le zèle d'un prêtre polonais, pèlerin de Terre Sainte, qui, témoin de ces bonnes dispositions des coptes, s'est fixé parmi eux, a suffi pour ramener à la vraie foi deux villages en six mois. Les nouveaux convertis ne subissent aucune vexation de la part des laïques ni du patriarche qui occupe le siège d'Alexandrie. Plusieurs prêtres et même plusieurs évêques manifestent une inclination visible pour la réunion avec Rome. Il y a là une moisson abondante qui mûrit. Voilà pourquoi le Saint-Siège a récemment chargé les Pères de la Compagnie de Jésus, de la mission de Syrie, d'ouvrir un petit séminaire pour les Coptes dans la ville du Caire. Ils s'y sont établis en location dans une partie de l'ancien hôtel du Consulat d'Italie, en attendant que les aumônes de l'Europe leur permettent d'acheter un terrain et de bâtir. La population actuelle du séminaire des Coptes est de quatorze élèves, tous d'une intelligence très développée. Pourquoi quatorze seulement? On ne peut attendre de la part de ces jeunes gens aucune rémunération pour le prix de leur pension; il faut les entretenir totalement. Avoir indiqué cette situation, n'est-ce pas vous avoir révélé une œuvre vraiment digne de la sollicitude et de la générosité des catholiques, et ne concluerez-vous pas qu'il faut aller à ces missionnaires pour les encourager et les aider ? *(Applaudissements.)*

Vous voyez, Messieurs, que je vous parle non en touriste, mais en prêtre. En suivant ce programme, je laisse dans l'ombre les excursions aux Tombeaux des califes et aux fameuses Pyramides qui n'offrent qu'un intérêt purement pittoresque, à part cette remarque que les monuments les plus parfaits de l'Egypte sont aussi les plus anciens, par conséquent les plus rapprochés d'une civilisation primitive dont les vestiges sont rendus de plus en plus visibles par les découvertes contemporaines en Egypte, en Assyrie, en Babylonie et peut-être jusque chez les Astèques.

C'est l'heure avancée qui me fait vous mentionner seulement notre pieuse visite aux trois souvenirs religieux du Caire, se rapportant au séjour de la Sainte famille : dans une église copte située au milieu du Vieux Caire, la petite crypte décorée de colonnes de l'âge constantinien qui lui aurait servi d'habitation ; hors de la ville, l'arbre de la Vierge qui marque l'endroit où se serait reposée la Sainte Famille, et près de là la fontaine miraculeuse qui jaillit sous les pas de l'Enfant Jésus. Nous priâmes avec ferveur demandant aux saints exilés de nous ouvrir le chemin de la Judée et de la Galilée; nous cueillîmes quelques feuilles et quelques fruits de l'arbre qui est un sycomore portant une sorte de figue sauvage très amère ; nous emportâmes de l'eau de la fontaine.

Quelques-uns d'entre nous prirent le chemin de fer

qui conduit par Ismaïlia à Suez, afin de remonter le fameux canal jusqu'à Port-Saïd, les autres regagnèrent directement Alexandrie. Le douzième jour depuis notre départ de Marseille, au lever du soleil, nous étions en vue de Jaffa. Le cœur rempli de la plus vive émotion, nous saluâmes la Terre Sainte.

Le débarquement fut pénible. La côte de Jaffa, l'antique Joppé, est inhospitalière. Les ruines de l'ancien port en ont rendu l'accès dangereux. Il faut pour y aborder franchir une ceinture de rochers, séparés par des intervalles étroits, et quand la mer est grosse, les eaux, ayant peu de fond, s'agitent sous le moindre souffle ; les vagues, entraînant le bateau, menacent à chaque coup de le briser contre les récifs. Quelquefois, pour gagner le quai, on est obligé de s'accrocher au dos d'un porteur, celui-ci ne vous garantit pas des poursuites de la lame qui vous inflige un véritable baptême par immersion. Nous en fûmes quittes pour un bain de pieds. Vous voyez qu'on en revient. *(Applaudissements.)*

Joppé est illustre par de très anciens souvenirs. Pomponius Mela et Pline la font remonter au-delà du déluge ; c'est près de Joppé que Noé aurait construit l'arche ; on peut croire ou admettre ces traditions locales, sans que la foi y soit intéressée. On sait que c'est à Joppé que Jonas s'embarqua pour échapper à la mission que Dieu lui avait imposée ; son naufrage eut lieu sur la côte syrienne, et, au cours de notre pèlerinage, nous rencontrerons la colonne qui marque le lieu où le monstre le vomit sur le rivage.

Joppé est célèbre dans l'histoire des guerres des Machabées. Mais le souvenir le plus glorieux à Joppé est sans doute la célèbre vision décrite au dixième chapitre des *Actes des Apôtres*, qui révéla à saint Pierre l'entrée prochaine des Gentils dans l'Eglise. Elle eut lieu dans la maison de Simon le Corroyeur, sur l'emplacement de laquelle fut construite une petite chapelle devenue mosquée, où nous pûmes cependant pénétrer et nous agenouiller pour remercier Dieu de notre vocation à la foi.

Nous sortîmes de l'enceinte de la ville pour nous rendre à l'endroit présumé où saint Pierre ressuscita la vertueuse veuve Tabithe. Nous avançions à travers ces jardins parfumés qui donnent une idée exacte de la Terre Promise. Des puits à norias répandent partout la fertilité. D'excellents légumes, des pastèques principalement, couvrent ce sol sablonneux que les irrigations transforment en une sorte de terreau. Les figuiers, les amandiers, les pêchers, les abricotiers, les mûriers y mêlent leur feuillage et leurs fruits à ceux des cotonniers, des grenadiers et surtout de ces orangers monstrueux qui, au printemps, envoient leurs parfums, par les vents d'est, jusqu'aux navires stationnés à deux lieues de la côte. Pour jouir de nouveau d'un semblable spectacle il faudra attendre que nous approchions de Beyrouth. A trois ou quatre kilomètres de Joppé, cette fertilité cesse tout d'un coup, le sol devient stérile: l'indolence turque n'a pas poussé plus loin les irrigations. C'est toujours l'argile rouge de la plaine de Saron. Le voyageur se demande comment il se fait que ces richesses naturelles demeurent sans emploi ; il interroge, et, apprenant l'avortement de plusieurs grandes tentatives pour restituer à ces contrées une fertilité dont l'eau est, comme autrefois, l'agent unique, il est forcé de conclure à une malédiction implacable planant sur cette contrée.

Le jour même, nous prenons possession de nos montures et nous nous mettons en marche vers Jérusalem. Que de grands souvenirs peuplent cette route ! C'est ici que nous pourrions dire avec un ancien : *Quacumque ingredimur, in aliquam historiam vestigium ponimus.* « Partout où se portent nos pas, nous foulons quelque grand souvenir. » Voici que nous arrivons à une petite bourgade. Elle porte un nom qui résonne doucement à l'oreille et au cœur des Lillois : nous entrons dans Lydda ! *(Applaudissements.)*

A la chute du jour, nous atteignons Ramleh ; c'est le terme de notre première étape. Le couvent des Pères Franciscains nous offre l'hospitalité. La chapelle des Révérends Pères est établie sur l'emplacement de l'atelier de saint Nicodème.

Le lendemain, dès avant le lever du soleil, nous sommes à cheval. Nous abrégeons le repos du milieu du jour. Le désir d'atteindre au plus tôt Jérusalem nous fait presser le pas de nos montures. Vers quatre heures, nous sommes à la vallée des Térébinthes. Nous ressuscitons par la pensée le duel dans lequel David foudroya Goliath. Il trouverait encore aujourd'hui, dans le lit desséché du torrent que nous traversons sur un pont de bois, les cailloux lisses dont il arma sa fronde. C'est ici que nous recevons les premiers compliments officiels. Le consul de France a envoyé au-devant de nous son premier drogman, accompagné de deux janissaires du consulat, superbes cavaliers à la veste de drap rouge brodée d'or et à manches flottantes, armés de sabres à fourreau d'argent ciselé, et tenant en main la haute canne, signe distinct de leur fonction. Nous recevons, avec les félicitations du drogman, celles du Père Franciscain délégué par le Révérendissime Custode de Terre Sainte.

Nous appelons Jérusalem de nos vœux, mais nous n'y atteignons pas encore ; nous gravissons une succession de plateaux sans que nos yeux aperçoivent les sommets de Sion. Ce n'est qu'à vingt minutes environ de la porte de Jaffa que nous découvrons tout à la fois la tour de Sion, la coupole qui recouvre le Saint-Sépulcre et au-delà de la vallée de Josaphat, la montagne de l'Ascension. Comment rendre l'émotion qui s'empara de nos cœurs. Jérusalem ! Jérusalem ! ce cri vole de bouche en bouche, étouffé par une sorte de saisissement religieux.

Toute la caravane descend de cheval ; on se précipite à terre, on baise la poussière de ces lieux bénis. Les prêtres entonnent le psaume : *Lauda, Jerusalem, Dominum !* Les larmes coulent des yeux, une sorte d'ivresse transporte nos âmes. Nous nous rangeons deux à deux pour entrer dans la ville sainte. A la porte, le poste turc nous présente les armes. Au même moment, un coup de canon retentit, mais ce n'est pas en notre honneur : il annonce le coucher du soleil, et donne le signal pour la fin du jeûne du Ramadan.

Nous brûlons d'aller nous prosterner devant le saint sépulcre. Mais, hélas ! il nous faudra pour ce soir étouffer nos désirs. Nous commençons à sentir l'humiliation qui pèse sur les Saints Lieux. Les Turcs en ferment l'entrée avant le coucher du soleil, ils n'en ouvriront les portes que demain matin.

La plupart du temps, le prêtre qui désire célébrer le saint sacrifice au Saint-Sépulcre doit se laisser enfermer la veille au soir avec les religieux franciscains qui chantent l'office de nuit. Ces hommes simplement héroïques ont recueilli la succession du chapitre du Saint-Sépulcre, et, pour remplir leur mission, ils demeurent confinés dans l'enceinte de la basilique. Leur habitation est une sacristie attenante à leur chœur, privée d'air et de lumière, au-dessus de laquelle piaffent des chevaux renfermés dans une écurie. On les relève tous les deux mois de cette réclusion volontaire ; plusieurs demandent à la continuer : un d'eux est demeuré deux ans sans franchir la porte du Saint-Sépulcre. Ces moines prient pour nous ; ils représentent les droits des Latins sur les Saints Lieux ; ils les ont parfois défendus au prix de leur sang, et il s'est rencontré des voyageurs pour blasphémer leur dévouement et demander : « Que font-ils à Jérusalem ? » *(Applaudissements.)*

Tous vous avez lu des descriptions, considéré des plans de l'église du Saint-Sépulcre, et peut-être, comme moi, n'avez-vous pas réussi à vous en faire une image exacte, en dehors de la vue des lieux eux-mêmes. L'église du Saint-Sépulcre abrite, sous une coupole immense, le Calvaire, la grotte de la Sépulture de Notre-Seigneur et tous les lieux rendus sacrés par les diverses circonstances du crucifiement, de la mort, de l'ensevelissement, de la résurrection glorieuse et des premières apparitions du Sauveur, ainsi que de l'invention de la sainte croix et des instruments du supplice. Quelques voyageurs ont blâmé sainte Hélène de ce qu'elle n'a pas conservé à ces emplacements vénérables leur aspect primitif. Ils n'ont pas pris la peine de réfléchir au sort qu'ont subi tant de monuments chers à la piété des fidèles qui n'ont pas été entourés par la sauvegarde d'édifices tels que les constructions de sainte Hélène. L'aspect de Jérusalem a été bouleversé maintes fois par les assauts qu'elle a subis, par les dominations diverses qui s'y sont succédé. Les débris s'y sont accumulés, le niveau du sol s'est élevé ; aujourd'hui on descend de Casa-Nova pour arriver au Calvaire. Sainte Hélène, comme si elle eût eu le pressentiment de ces transformations violentes, isola du massif de la montagne les théâtres des différentes scènes rapportées par l'Evangile. Des revêtements de marbre magnifique attestent le prix des lieux qu'ils recouvrent et sont ainsi une marque d'authenticité. Ils les ont dérobés à la piété indiscrète qui eût été tentée de les mutiler pour en emporter des fragments, aussi bien qu'à l'insolence des ennemis de toute sorte qui devaient tour à tour y faire invasion. Dans l'église du Saint-Sépulcre, comme dans le sanctuaire de la Nativité à Bethléem, comme à l'église de la Sainte-Demeure à Nazareth, le doute raisonnable est impossible.

Donc, le prêtre goûte en sécurité l'inexprimable consolation d'offrir la Victime sainte sur la table de pierre où reposa le corps du Seigneur. A quelques pas plus loin, nous vénérons l'emplacement où Marie-Madeleine se précipita pour embrasser les pieds du Sauveur ressuscité, puis, dans le chœur des Latins, l'endroit de l'apparition de Notre-Seigneur à sa très sainte Mère. Après avoir prié dans le réduit étroit où Notre-Seigneur fut enfermé durant les derniers apprêts du supplice, on gravit vingt-huit marches pour arriver sur le plateau du Calvaire. Hélas! le lieu du crucifiement, l'autel qui se dresse au-dessus du rocher creusé pour recevoir le pied de la croix, par l'effet d'une de ces usurpations que les Grecs ont pu commettre successivement, avec la connivence du gouvernement turc, et grâce à l'indifférence des gouvernements catholiques, est devenu la propriété des schismatiques ; il est interdit aux Latins d'y célébrer. Deux autels seulement, celui de la Compassion, qui marque le lieu où se tenait le groupe serré de la Mère et des amis de Jésus, et celui du Crucifiement, qui couvre l'emplacement où Notre-Seigneur fut élevé à la croix, sont accessibles à la dévotion des prêtres catholiques. C'est à l'autel du Crucifiement que se fit la communion générale de la caravane. En descendant du Calvaire, on vénère la pierre de l'onction sur laquelle fut étendu le corps du divin Maître pour être enseveli. Il faut prendre un large escalier situé derrière le chœur des Grecs, pour descendre à l'étage souterrain formé par la chapelle de Sainte-Hélène, dont l'antiquité est attestée par les sculptures des chapiteaux. On y vénère près de l'autel l'emplacement où se tenait agenouillée la sainte impératrice pendant les fouilles qu'elle faisait exécuter pour retrouver la vraie croix. De là, le regard plonge jusqu'au fond de la vaste citerne où furent retrouvés les instruments de la passion.

La visite à chacun de ces lieux vénérables est enrichie d'indulgences nombreuses. Elle se fait en commun chaque jour, dans une cérémonie fort touchante. Vers trois heures de l'après-midi, les Turcs ouvrent la porte extérieure de l'église du Saint-Sépulcre, et une procession nombreuse se forme dans la sainte basilique. Les Pères Franciscains parcourent chacune des stations que je viens d'énumérer, en chantant des hymnes d'une poésie naïve qui retracent les mystères dont on vénère le souvenir, sur un rhythme plaintif en harmonie avec les dispositions de cœur que l'on apporte à cette pieuse visite. Des larmes coulent des yeux d'un grand nombre de pèlerins. Pour ma part, j'ai ressenti là une des émotions les plus profondes et les plus suaves de ma vie. Chaque pèlerin tient à la main un cierge qu'il rapportera dans sa patrie, afin de l'étreindre pieusement à sa dernière heure comme le flambeau qui doit éclairer son entrée dans la glorieuse éternité. *(Applaudissements.)*

La caravane renouvela deux fois un autre exercice non moins capital dans la visite des Lieux Saints, je veux dire le chemin de la Croix à travers les rues de Jérusalem. Aucun monument n'a pu être élevé sur l'emplacement des stations qui ne sont pas renfermées dans l'enceinte de l'église du Saint-Sépulcre. La tradition seule, mais une tradition ininterrompue, en garde l'emplacement. Des signes particuliers, bien connus des chrétiens, marquent les stations : ici, une colonne brisée, là, une entaille faite dans une des pierres de la muraille, plus loin, la coïncidence de deux chemins qui se croisent. La Voie douloureuse est longue et pénible à parcourir. Je dois dire que les Musulmans s'abstiennent de toute insulte envers les chrétiens agenouillés devant les stations. Le Frère Liévin qui, depuis vingt-sept années, se dévoue d'une façon admirable au service des pèlerins, me racontait avec admiration comment l'empereur actuel du Brésil parcourant ainsi, sous sa conduite, le chemin de la croix, refusa constamment de se servir du prie-Dieu qu'on lui avait préparé. Il voulut à chaque station, comme tous les autres pèlerins, s'agenouiller dans la poussière, baiser cette terre que le Sauveur, chargé de sa croix, a foulée et arrosée de son sang. *(Applaudissements.)*

Je viens de nommer le Frère Liévin ; son souvenir est ineffaçable chez tous ceux qui ont eu la bonne fortune de faire le voyage de Terre-Sainte avec lui. Grâce à Dieu, ils sont nombreux ! Le bon Frère garde de chacun d'eux un souvenir distinct, et sa conversation est riche d'anecdotes. Belge de naissance, il s'est fait arabe par la connaissance parfaite de la langue et des mœurs des habitants des contrées qu'il parcourt sans cesse. Notre excursion était son cinquante-septième voyage à la Mer Morte. Il a endurci son corps à toutes les fatigues. Aucun incident ne l'étonne. Il n'a conservé de son origine que le solide bon sens des hommes de sa race, assaisonné d'une assez forte dose de sel gaulois. Il est à la fois un érudit sachant l'histoire de toutes les pierres qu'il rencontre, un admirable chef de caravane, relevant sans cesse le moral des pèlerins par sa gaieté, ayant par devers lui des ressources prêtes pour toutes les éventualités du voyage.

Il aime à s'entretenir de ses visiteurs illustres. C'est avec une pieuse admiration qu'il parle de Monseigneur le comte de Chambord, qui l'avait réclamé pour guide dans le pèlerinage qu'il fit aux Lieux Saints. Le prince visita en détail cette terre où il retrouvait le souvenir des héroïques combats livrés par les croisés francs, sous la conduite de ses aïeux, et les vestiges nombreux de leurs fondations religieuses et militaires. *(Bravos.)* Il laissa partout des témoignages de sa piété charitable. Mais, par un sentiment de réserve délicate, il n'a point consenti que son portrait prît place parmi ceux des augustes visiteurs dont les images tapissent les murailles des hôtelleries de Terre Sainte.

Le prince, en partant, avait laissé en souvenir au Frère Liévin le magnifique pur sang arabe qu'il avait monté pendant son voyage. Le bon Frère, excellent cavalier, avait l'air, à la tête de ses caravanes, d'un capitaine conduisant un vaillant escadron. Des esprits timorés prirent ombrage de la présence de la monture du comte de Chambord dans les pèlerinages, dont elle menaçait de fausser le caractère purement religieux ; le cheval blanc du Frère Liévin allait devenir un incident diplomatique. La noble bête parut avoir conscience des embarras qu'elle causait ; un matin on la trouva morte dans l'écurie de *Casa-Nova,* sans que rien eût fait présager ce dénouement. *(Hilarité.)*

Sortons de Jérusalem. Que de souvenirs nous rencontrons à chaque pas ! Traversons l'étroite vallée de

Josaphat et le lit du Cédron sans eau ; remontons les pentes de Gethsémani. Après avoir vénéré le tombeau de la Très Sainte Vierge, nous descendrons quelques marches pour nous agenouiller dans la vaste grotte où le Seigneur souffrit sa cruelle agonie. On voudrait ressentir l'amertume qui inonda le Cœur divin, unir ses larmes aux larmes que ses yeux versèrent ; on pense

ceux que l'on aime, songeant que Jésus a souffert et prié pour tous. A quelques pas de là sont encore debout, dans le Jardin des Olives, les arbres vénérables contemporains, dit une tradition respectable, de la vie du Sauveur, et souvent témoins de sa prière. Il y a deux cents ans, ils étaient encore au nombre de neuf, aujourd'hui il n'y en a plus que huit. Ils sont fort gros ; nous avons trouvé aux troncs des plus considérables une circonférence de huit mètres. On les a étayés de grosses pierres. Ah ! si ces arbres pouvaient prendre un langage et nous redire les divines paroles que Jésus prononçait sous leur ombre !

Au sommet de la montagne, un peu au-dessus du Carmel du *Pater*, ainsi nommé parce qu'il est élevé sur l'emplacement où Notre-Seigneur enseigna à ses disciples cette divine prière, une petite coupole recouvre le rocher sur lequel le Sauveur laissa l'empreinte de ses pieds sacrés en quittant la terre. Le jour de l'Ascension, les Pères Franciscains peuvent y venir chanter l'office et y célébrer le saint sacrifice sur un autel portatif qu'ils y installent pour la circonstance. La chapelle est devenue mosquée.

Si nous prolongeons d'une heure notre marche, nous

atteindrons Béthanie, patrie de Marie, de Marthe et de Lazare ; on se glisse dans le tombeau de Lazare par un escalier dont plusieurs pierres sont descellées.

En retournant à Jérusalem, saluons le champ où Jésus monta sur l'ânesse pour entrer dans la cité sainte. La Porte dorée, par laquelle il fit son entrée triomphale et par où l'empereur Héraclius revint portant sur ses épaules la croix reconquise sur les Perses, est aujourd'hui fermée. C'est que, d'après une antique prédiction qui a cours chez les Turcs, les Francs doivent rentrer par cette porte dans Jérusalem.

Nous n'omettrons pas de chercher les derniers vestiges du temple de Salomon. C'est un vieux pan de muraille enfermé dans le mur de soutènement de l'esplanade sur laquelle s'élève la grande mosquée qui a pris la place du temple. Le vendredi, depuis quatre heures du soir jusqu'au coucher du soleil, on voit les Juifs venir de la ville et des environs, par groupes, pour pleurer en appuyant leur tête contre ces débris. Ils accompagnent ces marques d'une tristesse qui, chez quelques-uns, va jusqu'aux signes non équivoques de la douleur la plus profonde, de la récitation de passages des Lamentations de Jérémie, et des Psaumes de David sur la désolation de Sion et l'attente du Rédempteur. Ce spectacle, je l'avoue, me remua profondément.

L'heure qui fuit, me contraint de ne donner qu'une simple mention à la visite à la grande mosquée d'Omar. Dans les substructions se trouvent les écuries et les celliers de Salomon qui donnent, par leur étendue, une idée de la magnificence des rois de Judas et d'Israël.

Sortons de nouveau de Jérusalem. Nous nous dirigerons cette fois vers Saint-Jean-du-Désert, la patrie du Précurseur. La crypte où il naquit a été revêtue, au XVIe siècle, de bas-reliefs en marbre blanc où sont retracées les scènes principales de sa vie et de sa mort. Nous trouverons, à cent pas plus loin, la chapelle du *Magnificat* ; c'était l'étage inférieur de l'habitation de Zacharie et d'Elisabeth. La chapelle du *Benedictus* est au-dessus. Un sentier escarpé conduit à une vallée qui va se resserrant et se dépouillant de toute verdure, jusqu'à la caverne où Jean vécut avant qu'il allàt baptiser sur les bords du Jourdain.

Du berceau du Précurseur, on se rend, en passant par les *Vasques* de Salomon, au berceau du Rédempteur. Bethléem n'a pas l'aspect désolé qui est le caractère général de la Palestine. Le site est plus riant, les constructions sont plus soignées, le sol est mieux planté, la contrée environnante n'a point cette apparence qui attriste les regards et le cœur. La population chrétienne est de cinq mille âmes environ. Elle est industrieuse. C'est à Bethléem que l'on fabrique la plupart des jolis objets en nacre et des chapelets en bois d'olivier que les pèlerins rapportent de Terre Sainte. Les Bethléemites connaissent le chemin de la France. Plusieurs ont séjourné à Lourdes et Paray-le-Monial ; à la dernière Exposition de Paris, ils étaient plus de cent exposants. Quelques-uns sont allés jusqu'en Angleterre. Ils nous demandèrent si Lille était une grande ville, bien éloignée de Marseille et de Paris, s'ils pourraient y faire des affaires. *(Applaudissements.)*

On devine bien ce qu'est pour le cœur du prêtre la célébration du saint sacrifice dans la sainte grotte devenue la crypte d'une vaste église que les Grecs ont mutilée, séparant la nef par un mur, afin de s'assurer la possession du chœur. Hélas ! l'humiliation est grande pour le nom chrétien dans ce sanctuaire vénérable. Une sentinelle turque veille jour et nuit auprès de l'autel de la Nativité de Notre-Seigneur. Cette police existe depuis les tentatives à main armée des Grecs pour dépouiller la sainte grotte des ornements attestant les droits des Latins.

La charité lilloise est particulièrement bénie à Bethléem. L'orphelinat agricole dirigé par M. le chanoine Belloni, qui est en même temps une sorte d'école pratique pour les jeunes gens destinés à vivre à la campagne, est en pleine prospérité ; il compte soixante-dix pensionnaires et cent trente externes. Un couvent du Carmel, un orphelinat de filles, tenu par les religieuses de Saint-Joseph-de-l'Apparition, sont également soutenus par les aumônes françaises.

Les trois mille catholiques de Bethléem appartiennent au rite latin. J'ai dit qu'ils sont industrieux. Mais ici, comme à Jérusalem, comme dans tout le reste de la Palestine, beaucoup de familles succombent sous le fardeau des impôts et sous les exactions des usuriers juifs qui leur prêtent à vingt et vingt-cinq pour cent.

Je passe sous silence l'excursion à Hébron, où se trouvent le tombeau d'Abraham, inaccessible aux chrétiens, dans une mosquée, et le chêne fameux qui rappelle la vision de la Trinité ; puis, l'expédition plus pénible à la Mer-Morte et au Jourdain ; celle-ci ne peut s'accomplir sans une escorte de Bédouins.

Avant de quitter définitivement Jérusalem, disons un mot des établissements français de la ville sainte.

C'est d'abord une école dirigée par les Frères, pour les jeunes garçons chrétiens, et une école de filles, où les religieuses de Sion reçoivent quelques enfants arabes. La maison de sainte Anne où naquit la Très Sainte Vierge, a été cédée par le gouvernement français à Mgr Lavigerie, qui y a établi une école de hautes études sur l'Écriture-Sainte pour ses prêtres missionnaires. L'hôpital Saint-Louis, sous le patronage du patriarche latin et du consul français, est confié aux religieuses de Saint-Joseph-de-l'Apparition, que nous rencontrerons fréquemment au cours de notre pèlerinage. Ces établissements sont bien peu nombreux, on le voit. Mais néanmoins l'autorité de la France est prépondérante à Jérusalem ; son patronage s'étend sur tous les établissements catholiques. C'est l'héritage d'un passé glorieux qui nous es maintenu, moins par les stipulations diplomatiques que par le souvenir des services rendus et par la puissance de la tradition qui est ici la première des lois. Tous les établissements se couvrent de notre pavillon. Les institutions religieuses, quelle que soit la nationalité du personnel dirigeant, ont recours au consul français pour faire valoir leurs droits, et celui-ci, il faut le dire, est fidèle à sa mission de grand justicier en faveur des chrétiens de tous les rites et des religieux de toutes les nationalités. Si un Musulman se permettait la plus petite insulte envers un Frère convers italien ou espagnol, le Consul de France exigerait une réparation immédiate et éclatante.

Est-ce à dire que ce prestige n'ait reçu aucune atteinte par les stipulations du Traité de Paris, substituant le protectorat collectif des puissances signataires au protectorat héréditaire de la France, et plus récemment, par nos désastres militaires ? Nos rivaux en Orient se prévalent de cet abaissement de notre autorité diplomatique. Aussi est-il de la plus grande importance que les catholiques français travaillent de toutes leurs forces à maintenir notre prestige national. Ils le peuvent en soutenant efficacement de leurs aumônes les Œuvres de nos missionnaires en Orient ; ils le peuvent en continuant la tradition des pèlerinages dans ces contrées où leur apparition rappelle d'une manière sensible les antiques liens qui rattachent l'Orient à la France. Un de nos agents diplomatiques des plus considérables par le rang qu'il occupe, me disait en me serrant la main : « Vous êtes pour nous une force. » J'ajoute que, pour les pauvres chrétiens de Palestine, pour les Latins surtout, en butte à la rapacité des Turcs, à la jalousie des Grecs, la présence de leurs frères d'Europe les encourage, les relève à leurs propres yeux et aux yeux des schismatiques et des Musulmans. *(Applaudissements.)*

C'est que, pour les chrétiens d'Orient, les pèlerins sont toujours les Francs de Godefroy de Bouillon, de Guy de Lusignan et de saint Louis. Vous ne réussiriez point à ébranler chez eux cette conviction que la France les délivrera du joug des Turcs. Nos drogmans chrétiens nous racontèrent, avec une fierté mêlée de tristesse, la tristesse qui naît de la déception, le pèlerinage accompli, il y a vingt ans, par cent trente-cinq officiers et soldats français, sous la direction du général Ducrot. Ils avaient mis à profit l'inaction forcée où les intrigues du pacha de Beyrouth retenaient le corps expéditionnaire envoyé au secours des chrétiens de Syrie, pour se dédommager par cette excursion chrétienne et patriotique.

Venus sans armes, ils voulurent cependant entrer dans Jérusalem au son des tambours et des clairons. La peur s'empara de la garnison turque, composée de sept cents hommes. Ils se renfermèrent dans leurs postes et leurs casernes. Nos petits fantassins s'enhardissant, prenaient sans façon les armes aux mains des soldats du sultan pour les examiner, et échanger leurs réflexions plus ou moins flatteuses sur l'équipement fort élémentaire des troupes ottomanes. Le général Ducrot dut leur rappeler qu'ils étaient à Jérusalem en visiteurs, chez des hôtes, non en conquérants, chez des vaincus. Longtemps après avoir vu disparaître la caravane, les Musulmans, aussi bien que les chrétiens de Jérusalem et de Bethléem, s'obstinaient à attendre le retour de la garnison française. *(Applaudissements.)*

Le temps me fait défaut pour parcourir avec vous la Samarie et la Galilée. C'est la vie errante que nous allons mener, conduisant avec nous nos tentes, nos provisions, nos bagages. Nous suivons l'itinéraire que le Sauveur suivit lui-même, pour nous rendre par Béthel au Champ de Jacob où se trouve le puits de la Samaritaine, au mont Garizim, à Naplouse, Sebastieh, Djennin, et de Naïm à Nazareth, où nous vénérons les souvenirs de la Sainte Famille. Campés au bord du lac de Tibériade, nous louons une barque qui nous permet de le sillonner en tous sens pour visiter les ruines de Capharnaum, de Beith-Saïda et de Magdala. Du sommet du Thabor, nous jouissons du plus splendide panorama embrassant, vers l'Occident, le Carmel et la Méditerranée. Après une halte à Cana et une dernière visite aux sanctuaires de Nazareth, nous gravissons la montagne des Béatitudes, où les pèlerins, groupés nu-tête autour de l'aumônier, écoutent la lecture du sermon sur la montagne, au lieu même où les lèvres divines le prononcèrent ; puis, par Loubieh, Sephoris, la patrie de sainte Anne, après avoir traversé une plaine inondée de groupes de Bédouins nomades paissant leurs troupeaux, notre petite troupe gagne le mont Carmel, qui nous retient une journée tout entière. A partir de Caïpha, nous ne cesserons pendant cinq jours de côtoyer la mer, par Saint-Jean-d'Acre, Tyr et Sidon, pour atteindre Beyrouth.

Là s'arrête la caravane organisée par le Comité des pèlerinages. Le plus grand nombre s'embarqueront le soir même pour retourner en France. Restés sept seulement, nous allons prendre un jour de repos et compléter quelques préparatifs avant d'entreprendre l'excursion dans le Liban. Les adieux laisseront dans ma mémoire un souvenir ineffaçable. Tant de saintes émotions, de péripéties et de fatigues partagées en commun, gravent dans le cœur une trace qui est un des grands souvenirs d'une vie d'homme.

Cette troisième phase de notre voyage, le Liban venant après l'Égypte et la Palestine, revêt un caractère tout particulier. Ici l'aspect moral change comme l'aspect physique. Ce n'est plus, sous un ciel bas mais scintillant, sur une terre brûlée que féconde l'invasion régulière des eaux, et parmi les monuments gigantesques d'un art depuis longtemps oublié, une nation vieillie qui se réveille comme d'un long assoupissement au contact d'une civilisation nouvelle qu'elle craint de voir s'implanter par des étrangers. Ce n'est plus, sur une terre dépeuplée, parmi les vestiges d'une fécondité qui a fait place presque partout à la stérilité la plus désolante, au milieu des ruines accumulées de la grandeur d'un peuple violemment dispersé, la piété qui se nourrit des souvenirs les plus augustes de la vie et de la mort de l'Homme-Dieu consacrés par les monuments de la foi chrétienne de tous les âges, puis dans les champs illustrés par tant de combats héroïques qui s'y sont succédé sans interruption depuis la première antiquité jusqu'à notre ère, l'imagination qui ressuscite les plus hardis conquérants, les plus puissantes nations de l'histoire. Nous allons vivre durant quinze jours au milieu d'une nation catholique qui, à force d'énergie chrétienne et d'héroïsme militaire, a su préserver sa foi depuis quatorze siècles, contre les séductions de l'hérésie par laquelle elle est environnée de toutes parts, la défendre à main armée contre les assauts de la barbarie turque dont elle subit la suzeraineté sans lui permettre de s'établir dans ses montagnes. Par des prodiges d'activité et de persévérance, en dépit des exactions du fisc, contre lesquelles elle est mal garantie par le protectorat européen, elle fait sortir de son sol, pour une population exubérante, avec le froment, l'orge, le riz, le tabac, le café, qui fournissent à la consommation du pays ; la vigne, l'olivier qui donnent la matière d'une exportation considérable, en même temps que l'industrie de la soie fait affluer l'argent d'Europe.

Les Maronites aiment à s'entendre appeler les Français d'Orient. Ils justifient cette qualification non seulement par certains traits de leur caractère national qui offrent une ressemblance frappante avec plusieurs qualités du nôtre, la franchise du langage, la gaieté de l'humeur, l'ardeur guerrière du tempérament, mais aussi par leur amour héréditaire pour la France dont ils se plaisent à parler la langue. Plusieurs fois nous avons vu ces braves gens quitter leur travail des champs pour accourir sur notre passage, nous saluer en nous offrant leurs fruits : « Bonjour, Français, nous vous aimons ». *(Applaudissements.)* Hâtons-nous de dire que la France, à aucune époque de son histoire, ne s'est montrée ingrate envers les Maronites. Elle s'est souvenue que cinquante mille de ces Arabes chrétiens ont mêlé leur sang à celui de nos aïeux sur les champs de bataille de la Palestine et de la Syrie.

Louis XIV avait richement doté les établissements des missionnaires jésuites dans la Syrie. Après la suppression de la Compagnie, le pape Pie VI, qui portait un intérêt particulier aux missions du Levant, transféra ces établissements aux prêtres Lazaristes, restés presque seuls pour continuer l'évangélisation de l'Orient ; ils les occupent encore presque tous aujourd'hui ; ils ont perpétué la tradition française, notamment dans leur grand collège d'Antourah.

Grégoire XVI, sans déposséder les Pères Lazaristes de l'héritage qui leur avait été transmis, a rouvert aux fils de saint Ignace une terre arrosée durant des siècles par les sueurs et parfois le sang de leurs Pères. Ils ont créé des postes nouveaux. Zahleh, sur le revers oriental du Liban, près de la grande route qui conduit de Beyrouth à Damas, à l'entrée de la Cœlé-Syrie, possède un collège où professent les Pères, et de grandes écoles où les jeunes filles sont instruites par des religieuses arabes. Le collège de Ghazir a acquis une célébrité presque européenne. C'est là que nos missionnaires ont, durant plus de vingt ans, formé un très grand nombre de prêtres de tous les rites, pour les diocèses et les couvents de Syrie. Mais on jugea que l'éloignement où Ghazir se trouvait de la mer, qui est en ces régions la grande voie de communication, constituait un obstacle au développement de cette école.

La mission des Pères Jésuites de Syrie a eu le bonheur de posséder pour supérieur un homme doué d'une grande pénétration de vue et d'une rare énergie de volonté. Il comprit qu'il fallait prendre un grand parti et abandonner Ghazir, qui n'est plus aujourd'hui qu'une maison de formation pour les jeunes religieux, et aller s'installer à Beyrouth qui, par des services réguliers de bateaux, communique avec toute la côte d'Asie-Mineure et de Syrie, la Palestine et l'Egypte. En

1870, les terrains étaient acquis, les plans achevés ; il ne s'agissait plus que de bâtir aux frais de la Providence. A qui s'adresser pour retirer les fonds ? A la France sans doute. Mais on était à la fin de juillet, et la guerre venait d'éclater comme la foudre au milieu d'un ciel serein. Hélas ! les désastres se succédaient, accumulant des ruines qui devaient absorber les ressources de la charité nationale. Le missionnaire, en homme que rien n'étonne, porta ses regards au-delà des mers, vers les contrées que les ruines de la guerre n'atteignaient pas directement. En compagnie de l'un de ses frères, celui-là même qui devait être l'architecte du futur édifice dont on cherchait les pierres, il partit pour l'Amérique. Utilisant sa connaissance suffisante de la langue anglaise, il composa des *Lectures,* dont il faisait corriger le manuscrit. Au bout d'un an, il avait réuni près d'un million. Il revenait en Syrie fonder une Université qui est un monument de la générosité américaine, mais qui demeure un établissement français.

L'Université Saint-Joseph de Beyrouth donne l'enseignement secondaire complet aux enfants des familles européennes et aux jeunes indigènes qui désirent s'initier aux études classiques. Des pourparlers ont été engagés pour assurer une valeur académique aux certificats d'étude délivrés par le Recteur de Beyrouth. Il y a des cours spéciaux pour les langues indigènes, et, au-dessus de cet enseignement secondaire et professionnel, les cours supérieurs comprennent, outre les mathématiques, la philosophie, les éléments du droit et toutes les branches de la science théologique. Soixante jeunes gens, envoyés par leurs évêques ou par les abbés de divers monastères, suivent ces derniers cours, et préparent au clergé, tant séculier que régulier, des sujets d'élite.

Le R. P. Normand, supérieur de la mission de Syrie, poursuit en ce moment, d'accord avec les représentants de la France en Orient, un projet qui sera particulièrement apprécié à Lille. On sait l'influence qu'exercent les médecins en Orient. Le protestantisme ne l'ignore pas : une école américaine s'est fondée à Beyrouth, qui envoie ses docteurs, diplômés ou non, exercer leur art dans la montagne. Dernièrement, par leur influence, deux villages maronites sont passés au protestantisme. La diplomatie française s'est émue de cette propagande destinée à diminuer notre influence nationale indissolublement liée à la foi catholique ; car là-bas, qui dit protestant, dit Anglais ; schismatique est synonyme de Russe ; tout catholique est Français. Aussi notre ambassade de Constantinople s'est-elle montrée très favorable au projet d'annexer une école de médecine à l'Université Saint-Joseph. Le gouvernement français aiderait par une subvention, comme déjà il coopère à l'œuvre de l'Université en payant plusieurs bourses. Mais pour que les missionnaires conservent le droit de choisir les professeurs, il est indispensable que les aumônes des catholiques de France les aident à supporter la plus grande partie de la dépense. *(Applaudissements.)*

Je ne puis me séparer de l'Université Saint-Joseph sans dire un mot de son imprimerie, magnifiquement installée. Outre la publication d'un journal quotidien en arabe, elle multiplie ses éditions des meilleurs ouvrages ascétiques, ainsi que de livres classiques en latin, en français, et surtout dans toutes les langues de l'Orient. Elle fabrique son encre, fond ses caractères ; elle n'est tributaire de la fabrication européenne que pour le papier. Elle occupe soixante ouvriers employés à l'impression ou à la reliure. La Bible arabe, en caractères magnifiques, a valu à son directeur, le Frère Elias, musulman converti, qui est venu prendre, il y a quelques années, en France et en Angleterre, les renseignements pour l'installation de son outillage, une médaille en argent de seconde classe à l'Exposition universelle de Paris.

Je vous ai confessé que je serais très peu touriste ce soir. Vous en aurez la preuve dans la brièveté avec laquelle je vous parlerai de notre excursion en Syrie.

Le Liban est un massif de montagnes dont les flots de la Méditerranée baignent les premières pentes. Les cimes se dressent abruptes ; on les gravit par des rampes très raides qui varient à tout instant le coup d'œil. C'est une succession ininterrompue de rocs entassés que l'on escalade, de vallons verdoyants où les torrents entretiennent la fertilité, de gorges étroites que tapissent les vignes et les oliviers partout où un peu de terre a pu être recueilli. L'enchantement est perpétuel. Au-delà d'Antourah, dans la direction de Pont-Naturel, les roches calcaires, dégagées de leurs parties les plus molles par les pluies et la fonte des neiges, revêtent l'aspect le plus inattendu, montrent les figures les plus fantastiques, ici les colonnes d'un palais, là les créneaux d'une forteresse, plus loin des formes aériennes prêtes à s'envoler dans l'espace. Nous étions dans un véritable ravissement, et les exclamations s'échappaient à chaque instant de nos lèvres.

Un voyage dans le Liban ne se comprend point sans une visite à la montagne où furent coupés les cèdres qui servirent à la construction du temple de Salomon. Les cèdres ne couronnent point les sommets du Liban : à ces hauteurs, on ne trouve plus de végétation. L'unique forêt qui subsiste est située à 2,960 mètres au-dessus de la mer. Pour y atteindre par le versant oriental qui s'abaisse sur la plaine de Cœlé-Syrie, on s'élève plus haut jusqu'à des plateaux que la neige ne quitte presque jamais, puis on descend dans un large vallon où se trouvent serrés les uns contre les autres les derniers survivants de ces géants qui jadis couvrirent toute la montagne. Il en reste aujourd'hui environ trois cents ; leur nombre ira sans cesse décroissant, si on ne se décide pas à les enclore par une muraille afin de protéger les jeunes pousses contre les troupeaux de chèvres qui viennent y brouter. Soixante-douze de ces arbres sont très anciens, treize sont au moins sept ou huit fois séculaires ; l'un d'eux, que nous mesurâmes, compte plus de douze mètres de circonférence.

Dès que nous nous arrêtons pour camper dans la montagne, on s'empresse autour de nous, on nous demande des nouvelles de la France, du sort réservé aux congrégations religieuses. C'est que les journaux protestants et schismatiques ont pris soin de répandre, en les exagérant même, tous les détails des premières expulsions, afin de persuader aux catholiques que bientôt leurs missionnaires manqueront de l'appui moral de la · France. Plusieurs fois, le patriotisme de celui qui vous parle fut mis à rude épreuve. Pouvais-je nier la violence dont j'avais été l'objet? Une fois entre autres, la situation devint plus délicate. Nous venions de dresser nos tentes auprès d'une fraîche source, à une petite distance du village de Mirouba. Le drogman m'avertit qu'un prêtre maronite demandait à me parler. Je descends vers lui ; il me presse de l'accompagner pour être présenté à sa famille. C'était un intérieur tout patriarcal. Ce prêtre était un élève des Jésuites de Ghazir. Fort instruit en littérature, il professe le syriaque dans le séminaire patriarcal ; mais la faiblesse de sa poitrine l'a obligé de quitter momentanément l'enseignement pour prendre quelques mois de repos dans son village natal. On désirait ardemment des nouvelles de la France. Un des frères était allé à Damas, il en avait rapporté quelques journaux : c'étaient quatre numéros dépareillés du *Figaro*. L'un d'eux contenait une vigoureuse réfutation des griefs élevés contre les congrégations, en même temps qu'il relatait la menace de prochaines exécutions contre les associations non autorisées. Le prêtre Khalil parlait seul, avec une pureté parfaite, le français. Le reste de la famille n'entendait que l'arabe. Je le priai de ne pas traduire intégralement mes réponses. Je compris qu'il avait obtempéré à mon désir. Tandis que ses traits se contractaient par la douleur et que des larmes brillaient dans ses yeux, nos auditeurs s'écrièrent avec un accent de joie : « Ah ! nous savions bien que l'on calomniait la France ! S'il y a eu quelques méchants, l'injustice va être réparée ! » Pauvres gens ! Je me hâtai de lever la séance, craignant d'être trahi par mon émotion. *(Applaudissements.)*

Il faudrait une conférence entière pour vous décrire notre visite aux ruines célèbres de Balbek. Nous y établîmes notre campement et séjournâmes un jour entier au milieu de ces débris grandioses. Nous vérifiâmes les assertions du consciencieux Bædeker et en rectifiâmes quelques-unes. Les fûts des colonnes des grands temples mesurent 18 mètres de longueur. La hauteur totale de la colonnade est de 32 mètres. Nous vîmes, dans une carrière voisine, un bloc taillé, prêt à être enlevé, depuis dix-sept siècles, il a 21 mètres de long sur 5 en hauteur et en épaisseur. Balbek était le point extrême de notre excursion. Durant trois jours, nous côtoyâmes le Barada, qui trace un oasis serpentant au milieu de la plaine calcinée par le soleil. Nous parvînmes ainsi à Damas. Damas est la ville de l'aristocratie musulmane et du fanatisme anti-chrétien ; sur une population de deux cent cinquante mille âmes, on compte à peine trente Européens. On montre aux portes de Damas le lieu où saint Paul fut terrassé par la vision divine ; dans la Rue droite, l'emplacement de la maison d'Ananie, et enfin, dans l'enceinte fortifiée, le pan de muraille le long duquel saint Paul fut descendu dans une corbeille pour être soustrait à la fureur des juifs. Damas possède un autre souvenir religieux fort précieux, l'emplacement très authentique de l'habitation de saint Jean, surnommé Damascène. Longtemps les tentatives, pour rentrer en possession de ce lieu vénérable, demeurèrent infructueuses : elle était devenue Bien de mosquée. Les Pères de la Compagnie de Jésus, qui cherchaient une maison pour s'établir à Damas, parvinrent à la racheter en se servant de l'intermédiaire d'un banquier grec. Ils se proposent de bâtir une chapelle qui sera la première dédiée à cet illustre Père de l'Église orientale.

Ce fut à Damas que nous congédiâmes tout notre personnel. Afin de gagner deux jours, nous allions retourner à Beyrouth par la diligence qui suit la route directe, la première voie carrossable que nous rencontrons depuis notre arrivée à Jérusalem. Nous mîmes treize heures à faire le trajet dans une diligence du type le plus primitif, dont les soubresauts parmi ces montées et ces descentes continuelles, ne nous laissaient ignorer aucune des ornières par lesquelles nous entraînaient en volant les six bêtes (trois chevaux et trois mulets) que l'on relaya onze fois.

J'arrête là ce récit qui a retenu trop longtemps peut-être votre bienveillante attention. Je vous demande de tirer deux conclusions de cet entretien. La première est que vous accordiez une sympathie profonde aux OEuvres catholiques de l'Orient, et spécialement à celles qui sont dirigées par nos missionnaires. En leur apportant, dans une mesure de plus en plus large, le concours de vos prières et de vos généreuses aumônes, vous ferez acte tout à la fois de charité chrétienne et de patriotisme éclairé. C'est l'antique prestige du nom franc que vous soutiendrez en même temps que vous participerez aux mérites des vaillants missionnaires qui prodiguent sur cette terre leurs sueurs et leur vie. La deuxième est que vous considériez comme une des grâces les plus insignes un pèlerinage en Terre-Sainte.

Notre caravane eut pour président, au début, un vénérable vieillard de soixante-douze ans, pèlerin de 1843 ; il avait voulu revoir la Jérusalem de la terre, Sion et Bethléem, avant de se présenter à la Jérusalem du ciel. Embrassant le Saint-Sépulcre, il disait, avec l'accent du vieillard Siméon : « Et maintenant je peux mourir en paix. » Quand les pèlerins, sur le point de perdre de vue Jérusalem, se retournent afin de la saluer une dernière fois, ils s'agenouillent et entonnent l'élégie des Hébreux en exil : « *Super flumina Babylonis.* » Tous voudraient se promettre qu'ils se retrouveront sur les chemins qui conduisent à Sion. Ils se donnent un rendez-vous plus assuré avec tous ceux qui leur sont chers, au terme du pèlerinage de cette vie, dans la Sion véritable, dont la Jérusalem de la terre leur a donné l'image et la promesse. *(Longs applaudissements.)*

Mgr de Lydda. — Je suis certain d'être l'interprète de l'assemblée en remerciant le R. P. Fristot du récit intéressant qu'il nous a fait et qui nous a tous édifiés. J'ai un grand désir de faire ce pèlerinage, mais un si long congé ne m'est pas permis par suite de l'état de santé du Cardinal. Le père Fristot atteindra son but : vos généreuses offrandes soutiendront les œuvres françaises qui ont pour objet la conservation de la foi en Orient. Puisse la France mériter toujours la bonne opinion que l'on a d'elle en ce pays.

Nous allons couronner cette assemblée par la bénédiction que je vous ai promise de la part de Son Éminence le Cardinal-Archevêque.

Lille.—Imp. Lefebvre-Ducrocq